어린이를 위한
사자소학
쓰기노트

어린이를 위한
사자소학 쓰기노트

초판 발행 2018년 8월 31일
6쇄 발행 2025년 8월 12일

편저자   시사정보연구원
발행인   권윤삼
발행처   도서출판 산수야

등록번호 제1-1515호
주소   서울시 마포구 월드컵로 165-4
우편번호 121-826
전화   02-332-9655
팩스   02-335-0674

ISBN 978-89-8097-440-5   73190

값은 뒤표지에 있습니다. 잘못된 책은 바꾸어 드립니다.

이 책의 모든 법적 권리는 도서출판 산수야에 있습니다.
저작권법에 의해 보호받는 저작물이므로
본사의 허락 없이 무단 전재, 복제, 전자출판 등을 금합니다.

이 도서의 국립중앙도서관 출판시도서목록(CIP)은
서지정보유통지원시스템 홈페이지(http://seoji.nl.go.kr)와
국가자료공동목록시스템(http://www.nl.go.kr/kolisnet)에서 이용하실 수 있습니다.
(CIP제어번호: CIP2018017134)

어린이를 위한
사자소학 쓰기노트

시사정보연구원 편저

★ 머리말

"자기가 하기 싫은 일을 남에게 하게 하지 말라."
"남을 손해 보게 하고 자신을 이롭게 하면
끝내는 자신을 해치는 것이 된다."

올바른 마음가짐과 몸가짐을 기본으로 타인을 배려하고 효 정신을 일깨우는 인성교육이 강조되고 있습니다. 교과 과정도 인성교육에 초점을 맞추어 이루어지고 있지요. 옛 성현들의 가르침을 담고 있는 고전을 읽고 쓰는 것도 인성교육을 위한 기초가 됩니다.

사자소학은 옛날 서당에서 어린이들이 가장 먼저 배우는 기초 학습서예요. 주희의 소학과 여러 경전의 내용을 알기 쉽게 네 글자로 편집하여 만들었다고 해서 '사자소학'(四字小學)이라고 하지요.

사자소학은 한자를 배우면서 어린이들의 바른 몸가짐과 마음가짐, 그리고 반드시 배워서 지켜야 할 생활 규범과 어른을 공경하는 법 등을 구체적이고 자세하게 가르치고 있어요. 바로 어린이의 생활 도덕 교재로서 중요한 가치가 있는 글이라고 할 수 있지요.

사자소학은 어떤 내용을 담고 있을까요?

자녀가 부모에게 효도를 어떻게 해야 하는지 알려 주는 효행 편.

형제자매는 서로 어떻게 아껴야 하는지 알려 주는 형제 편.

제자는 스승을 어떻게 섬겨야 하는지 알려 주는 사제 편.

친구는 어떻게 사귀어야 하는지 알려 주는 붕우 편.

스스로 몸과 마음을 어떻게 닦아야 하는지 알려 주는 수신 편.

사자소학은 어린이들의 충효 의식과 삼강오륜 등 올바른 마음가짐을 갖기 위한 기본적인 행동 철학이 담겨 있어요. 부부와 자녀로 이루어진 현대의 핵가족 사회에서 소홀하게 취급될 수 있는 예절과 인간관계, 이웃 사랑 등을 일깨울 수 있기 때문에 우리 어린이들이 꼭 배워야 할 지혜들로 이루어진 종합적인 도덕 교육과 인성 교육의 보고(寶庫)라고 할 수 있답니다.

어린이의 바른 인성을 키우는 사자소학 쓰기노트의 좋은 점은 크게 네 가지로 나눌 수 있어요.

첫째, 책을 따라 쓰면 내용을 자세하고 정확하게 알 수 있어요. 컴퓨터나 휴대폰 등 전자기기들의 발달로 키보드로 입력하거나 눈으로 화면을 쓰윽 읽으면 다 아는 내용 같지만 금방 잊기 쉬운 게 우리의 뇌 구조라고 전문가들은 말해요. 하지만 공부할 내용을 눈으로 보면서 손으로 따라 쓰고, 입으로 소리를 내어 읽으면 훨씬 더 자세하고 정확하게 익힐 수 있을 뿐만 아니라 어떤 내용을 담고 있는지 파악하기도 쉬워요.

둘째, 쓰기는 손끝을 자극하기 때문에 뇌 발달에 도움이 돼요. 손은 우리 뇌와 밀접하게 연결되어 있어요. 손을 많이, 그리고 정교하게 움직이면 뇌에 자극을 주기 때문에 뇌의 운동이 활발해져요. 글을 쓰는 것은 손을 잘 움직일 수 있는 방법 가운데 하나예요. 그렇기 때문에 따라 쓰기를 통해 뇌의 근육을 키워 머리가 좋아지도록 유도할 수 있어요.

셋째, 한 글자씩 따라 쓰다 보면 정서가 풍부해져요. 한 자리에 앉아서 한 글자, 한 글자 정성 들여 쓴다는 것은 쉬운 일이 아니에요. 특히 다양한 전자기기들의 사용으로 인내심이 약해진 요즘에는 더 그래요. 따라 쓰기가 처음에는 조금 힘들어도 재미를 들이면 어느새 마음도 차분해지고, 감정도 풍부해져요.

넷째, 마음을 정갈하게 하고 여유가 생겨요. 사자소학은 효행 편, 형제 편, 사제 편, 붕우 편, 수신 편으로 구성되어 있기 때문에 우리가 살아가는데 필요한 모든 생활 철학을 담고 있어요. 부모, 형제, 스승과 제자, 친구, 자신에 관한 좋은 글들로 가득 차 있기 때문에 마음을 정갈하게 하고, 확고한 신념을 갖도록 인도하고 있어요.

어린이들의 바른 몸가짐과 마음가짐, 그리고 반드시 배워서 지켜야 할 생활 규범 등을 구체적이고 자세하게 가르치고 있는 사자소학을 통하여 행복한 어린이가 되세요.

己所不欲을 勿施於人하라
기 소 불 욕　　물 시 어 인

損人利己면 終是自害니라
손 인 리 기　　종 시 자 해

어린이를 위한 『사자소학』 쓰기노트
이렇게 활용하세요!

* 하루에 공부할 분량을 스스로 정해 보세요. 스스로 학습 시간을 정하고 꾸준히 실천하면 자기 주도적인 학습 능력을 키울 수 있어요.

* 글씨 쓰기의 모든 칸은 원고지로 구성하였습니다. 원고지 크기에 따라 한자를 쓰다 보면 삐뚤빼뚤하던 글씨가 가지런하고 예쁜 글씨로 바뀌게 되지요. 또한 원고지 사용법도 익힐 수 있는 좋은 기회가 되기도 해요.

* 혼자서도 맵시 있고, 단정하고, 예쁘고 바른 글씨체를 익힐 수 있습니다. 연필로 정성 들여 또박또박 써 보세요.

* 예쁜 글씨체로 한자를 쓸 수 있어요. 한자를 쓰는 바른 순서가 표시되어 있기 때문에 또박또박 순서대로 쓰면 자신도 모르는 사이에 짜임새 있고, 예쁜 한자를 쓸 수 있어요.

* 사자소학을 익히면서 한자능력검정 시험도 대비하는 일석이조의 효과를 누려 보세요.

★ 한자의 형성 원리를 배워요

1. 한자는 실제 모양과 형태를 본뜬 글자예요. 상형문자라고 하지요.

2. 실제 모양으로 나타낼 수 없는 것은 점이나 선이나 부호로 그려 글자를 만들어요. 지시문자라고 하지요.

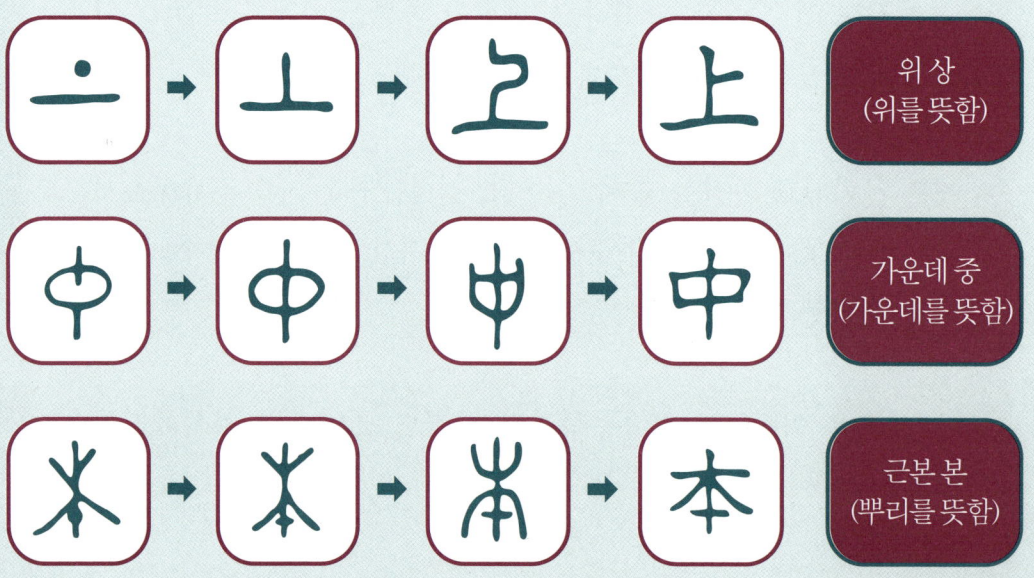

3. 이미 만들어진 글자를 둘 이상 합쳐서 새로운 글자를 만들어요.
   회의문자나 형성문자라고 하지요.

밭에서 힘써 일하는 사람을 남자로 나타냈답니다.

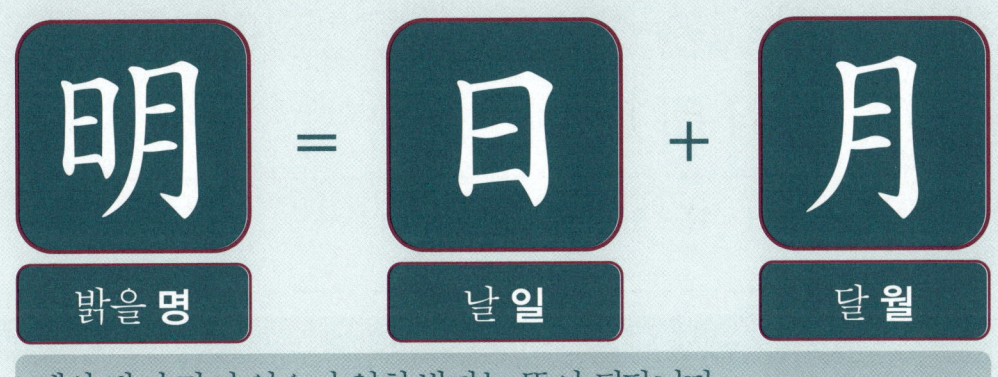

해와 달이 같이 있으니 엄청 밝다는 뜻이 된답니다.

사람이 나무 아래서 쉬고 있다는 뜻이랍니다.

★ 한자 쓰기의 기본 원칙을 배워요

1. 위에서 아래로 쓴다.

言 말씀 언	丶 二 三 三 言 言 言
雲 구름 운	一 丆 乊 叞 雨 雨 雪 雲 雲 雲 雲

2. 왼쪽에서 오른쪽으로 쓴다.

江 강 강	丶 丶 氵 汀 江 江
例 법식 예	丿 亻 彳 仸 佡 佡 例 例

3. 가로획과 세로획이 겹칠 때는 가로획을 먼저 쓴다.

用 쓸 용	丿 冂 冃 用 用
共 함께 공	一 十 卄 共 共 共

4. 삐침과 파임이 만날 때는 삐침을 먼저 쓴다.

人 사람 인	丿 人
文 글월 문	丶 亠 ナ 文

5. 좌우가 대칭될 때에는 가운데를 먼저 쓴다.

小 작을 소	亅 小 小
承 받들 승	了 了 孑 手 手 承 承

6. 둘러 싼 모양으로 된 자는 바깥쪽을 먼저 쓴다.

| 同 같을 동 | 丨 冂 冂 同 同 同 |
| 病 병날 병 | 丶 亠 广 广 疒 疒 疒 病 病 病 |

7. 글자를 가로지르는 가로획은 나중에 긋는다.

| 女 여자 녀 | 〈 夂 女 |
| 母 어미 모 | 〈 乚 ㄐ 毋 母 |

8. 글자 전체를 꿰뚫는 세로획은 나중에 쓴다.

| 車 수레 거 | 一 厂 币 币 盲 車 車 |
| 事 일 사 | 一 厂 币 日 写 写 写 事 |

9. 책받침(辶, 廴)은 나중에 쓴다

| 近 원근 근 | 丿 ㄏ 厂 斤 沂 近 近 |
| 建 세울 건 | ㄱ ㄱ ㅋ ㅋ ㅋ 聿 聿 建 建 |

10. 오른쪽 위에 점이 있는 글자는 그 점을 나중에 찍는다.

| 犬 개 견 | 一 ナ 大 犬 |
| 成 이룰 성 | 丿 厂 厂 厅 成 成 成 |

君爲臣綱이요 父爲子綱이요
군 위 신 강 　 부 위 자 강

夫爲婦綱이니 是謂三綱이니라.
부 위 부 강 　 시 위 삼 강

父子有親하며 君臣有義하며
부 자 유 친 　 군 신 유 의

夫婦有別하며 長幼有序하며
부 부 유 별 　 장 유 유 서

朋友有信이니 是謂五倫이니라.
붕 우 유 신 　 시 위 오 륜

임금은 신하의 벼리*가 되고, 아버지는 자식의 벼리가 되며, 남편은 아내의 벼리가 되니, 이것을 일러 삼강이라고 한다.
부모와 자식 사이에는 친함이 있고, 임금과 신하 사이에는 의리가 있으며, 남편과 아내 사이에는 분별이 있으며, 어른과 아이 사이에는 차례가 있으며, 벗과 벗 사이에는 신의가 있으니, 이것을 일러 오륜이라고 한다.

(＊벼리:그물 코를 꿴 굵은 줄·일이나 글의 뼈대가 되는 줄거리·사물을 총괄하여 규제하는 것)

사자소학

父生我身하시고 母鞠吾身이로다.

아비 **부**　날 **생**　나 **아**　몸 **신**　　어미 **모**　기를 **국**　나 **오**　몸 **신**

아버지는 내 몸을 낳게 하시고 어머니는 내 몸을 기르셨다.

父	父	父			母	母	母		
아비 부	′ ′′ ′′ 父				어미 모	ㄴ ㄅ ㅂ ㅁ 母			
生	生	生			鞠	鞠	鞠		
날 생	′ ′′ ㅑ 生 生				기를 국	一 廿 廿 甘 甘 革 革 靪 靪 鞠 鞠 鞠			
我	我	我			吾	吾	吾		
나 아	′ ′′ 千 手 我 我 我				나 오	一 丆 五 五 吾 吾 吾			
身	身	身			身	身	身		
몸 신	′ ′′ ′′ 自 自 身 身				몸 신	′ ′′ ′′ 自 自 身 身			

아	버	지	는		내		몸	을		낳	게

하	시	고		어	머	니	는		내		몸	을

기	르	셨	다	.							

자유롭게 써보세요

腹以懷我 하시고 乳以哺我 로다.

배복 써이 품을회 나아 　 젖유 써이 먹을포 나아

배로써 나를 품으시고 젖으로써 나를 먹여 주셨다.

腹	배복	丿丿月𦘭胪胪脝脹腹腹
以	써이	丨丶丬以以
懷	품을회	丶丶忄忙忙忙忙忙懐懐懷懷
我	나아	丿一千手我我我

乳	젖유	丶丶丷丷孚孚乳
以	써이	丨丶丬以以
哺	먹을포	丨口口叮吥吥哺哺
我	나아	丿一千手我我我

| 배 | 로 | 써 | | 나 | 를 | | 품 | 으 | 시 | 고 | | 젖 |

| 으 | 로 | 써 | | 나 | 를 | | 먹 | 여 | | 주 | 셨 | 다 | . |

자유롭게 써보세요

以衣溫我 하시고　以食飽我 로다.

써**이**　옷**의**　따뜻할**온**　나**아**　　　　써**이**　밥**식**　배부를**포**　나**아**

옷으로써 나를 따뜻하게 입히시고 음식으로써 나를 배부르게 하셨다.

以	써 이	ノ 丶 以 以
衣	옷 의	丶 一 ナ ナ 衣 衣
溫	따뜻할 온	氵 氵 汩 汩 滔 滔 溫
我	나 아	一 二 手 手 我 我 我

以	써 이	ノ 丶 以 以
食	밥 식	ノ 人 人 今 今 今 食 食
飽	배부를 포	ノ 人 今 今 今 食 食 飽 飽
我	나 아	一 二 手 手 我 我 我

옷	으	로	써		나	를		따	뜻	하	게	
입	히	시	고		음	식	으	로	써		나	를
배	부	르	게		하	셨	다	.				

자유롭게 써보세요

恩高如天 하시고 德厚似地 로다.

은혜 **은** 높을 **고** 같을 **여** 하늘 **천**   덕 **덕** 두터울 **후** 같을 **사** 땅 **지**

은혜는 높기가 하늘과 같고 덕은 두텁기가 땅과 같구나.

恩	恩	恩			德	德	德		
은혜 **은**	丨冂冃因因恩恩				덕 **덕**	丶彳彳彳彳彳德德德			
高	高	高			厚	厚	厚		
높을 **고**	丶亠亠高高高				두터울 **후**	一厂厂戶戶厚厚厚			
如	如	如			似	似	似		
같을 **여**	乚乂女如如如				같을 **사**	丿亻亻似似似			
天	天	天			地	地	地		
하늘 **천**	一二于天				땅 **지**	一十土圠地地			

은	혜	는		높	기	가		하	늘	과		같
고		덕	은		두	텁	기	가		땅	과		같
구	나	.										

자유롭게 써보세요

爲人子者 가 曷不爲孝 리오.

할**위** 사람**인** 아들**자** 놈**자**　　　어찌**갈** 아닐**불** 할**위** 효도**효**
　　　　　　　　　　　　　　　　　　　아닐**부**

자식 된 자로서 어찌 효도를 하지 않겠는가?

爲					曷				
할**위**	╱ 冖 厂 尸 爲 爲 爲				어찌**갈**	丨 口 日 旦 昜 昜 曷			
人					不				
사람**인**	ノ 人				아닐**불**	一 ア 不 不			
子					爲				
아들**자**	了 了 子				할**위**	╱ 冖 厂 尸 爲 爲 爲			
者					孝				
놈**자**	一 十 土 耂 耂 者 者 者				효도**효**	一 十 土 耂 耂 孝 孝			

자	식		된		자	로	서		어	찌		효
도	를		하	지		않	겠	는	가	?		

자유롭게 써보세요

欲報深恩이나 昊天罔極이로다.

하고자 할 **욕**　갚을 **보**　깊을 **심**　은혜 **은**　　하늘 **호**　하늘 **천**　없을 **망**　다할 **극**

깊고 깊은 은혜를 갚고자 하나 넓은 하늘과 같아 다함이 없도다!

欲	欲	欲		昊	昊	昊	
하고자 할 **욕**	ノ 八 ハ 夲 谷 谷 谷 谷 欲 欲			하늘 **호**	丨 冂 旦 吊 昊 昊		
報	報	報		天	天	天	
갚을 **보**	一 十 土 キ 去 去 幸 幸 報 報 報			하늘 **천**	一 二 チ 天		
深	深	深		罔	罔	罔	
깊을 **심**	氵 氵 氵 浐 浑 深 深			없을 **망**	丨 冂 門 罔 罔 罔 罔		
恩	恩	恩		極	極	極	
은혜 **은**	丨 冂 月 囙 因 因 恩 恩			다할 **극**	一 十 木 术 朽 柯 柯 柯 極 極		

깊	고		깊	은		은	혜	를		갚	고	자
하	나		넓	은		하	늘	과		같	아	다
함	이		없	도	다	!						

자유롭게 써보세요

父母呼我 시면 唯而趨進 이니라.

아비 **부** 어미 **모** 부를 **호** 나 **아**   오직 **유** 말이을 **이** 달릴 **추** 나아갈 **진**

부모가 나를 부르시면 곧 대답하고 달려갈지니라.

父				唯			
아비 **부**	′ ′ グ 父			오직 **유**	ㅁ 吖 吖 吁 咛 唯 唯		
母				而			
어미 **모**	乚 乄 乄 ٿ 母			말이을 **이**	一 ア 广 丙 而 而		
呼				趨			
부를 **호**	丨 口 口 口 吁 吁 呼			달릴 **추**	一 十 土 キ 走 起 起 起 趨 趨		
我				進			
나 **아**	′ 二 千 手 我 我 我			나아갈 **진**	亻 亻 亻 亻 亻 佯 隹 准 進		

| 부 | 모 | 가 | | 나 | 를 | | 부 | 르 | 시 | 면 | | 곧 |

| 대 | 답 | 하 | 고 | | 달 | 려 | 갈 | 지 | 니 | 라 | . |

자유롭게 써보세요

父母之命 이시든 勿逆勿怠 하라.

아비 **부** 어미 **모** 어조사 **지** 목숨 **명**
　　　　　　　　　　　　　　　명령 **명**
　　　　　　말 **물** 거스를 **역** 말 **물** 게으를 **태**

부모님의 말씀은 거스르지도 말고 게을리도 말라.

父						勿				
아비 부	ノ ハ ク 父					말 물	ノ 勹 勿 勿			
母						逆				
어미 모	ㄥ 乃 乃 母 母					거스를 역	ㄥ ㅗ 屰 屰 逆 逆			
之						勿				
어조사 지	丶 ㄱ 之					말 물	ノ 勹 勿 勿			
命						怠				
목숨 명	人 人 人 合 合 命 命					게으를 태	ㄥ ㅿ 厶 台 台 怠 怠			

부	모	님	의		말	씀	은		거	스	르	지

도		말	고		게	을	리	도		말	라	.

자유롭게 써보세요

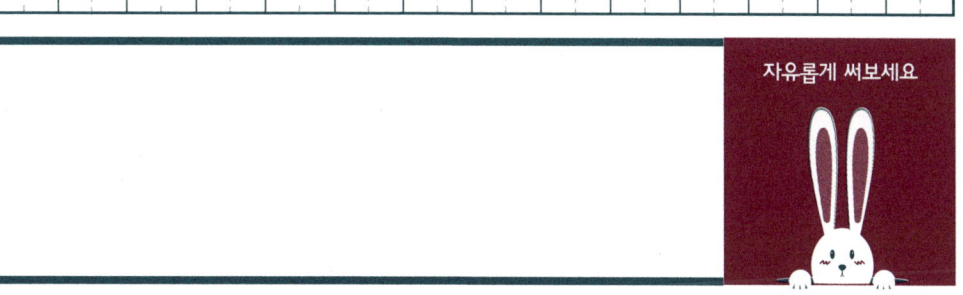

侍坐親前하고 勿踞勿臥하라.

모실 **시**　앉을 **좌**　친할 **친**　앞 **전**　　말 **물**　걸터앉을 **거**　말 **물**　누울 **와**

어버이 앞에 앉을 때에는 몸을 바르게 하고 걸터앉지도 눕지도 말라.

侍				
모실 시	亻亻亻㐂侍侍侍			

坐				
앉을 좌	丶人人人坐坐坐			

親				
친할 친	丶亠立立辛辛亲親親親			

前				
앞 전	丶丷丷歬歬前前			

勿				
말 물	丿勹勿勿			

踞				
걸터앉을 거	丨口口𧾷𧾷𧾷跙跙踞踞			

勿				
말 물	丿勹勿勿			

臥				
누울 와	一丅丂臣臣臥臥			

어	버	이		앞	에		앉	을		때	에	는
몸	을		바	르	게		하	고		걸	터	앉	지
도		눕	지	도		말	라	.

자유롭게 써보세요

對案不食 이시어든 思得良饌 하라.

대할 **대**　밥상 **안**　아닐 **불**　먹을 **식**　　생각할 **사**　얻을 **득**　좋을 **량**　반찬 **찬**

밥상을 대하고 잡수시지 않으시거든 좋은 음식을 장만할 것을 생각하라.

對	對	對		思	思	思	
대할 대	丨丨丨业业业业业业业業業對對			생각할 사	丨口曰田田思思		
案	案	案		得	得	得	
밥상 안	丶丶宀宀安安安案案			얻을 득	丿彳彳彳彳彳彳得得得		
不	不	不		良	良	良	
아닐 불	一丆不不			좋을 량	丶ㄱㅋㅋ艮良良		
食	食	食		饌	饌	饌	
먹을 식	丿人入今今今食食食			반찬 찬	丿人入今今今食食食食食食食		

밥	상	을		대	하	고		잡	수	시	지
않	으	시	거	든		좋	은		음	식	을		장
만	할		것	을		생	각	하	라	.	

자유롭게 써보세요

23

父母有病 이시어든 憂而謀療 하여라.

아비 **부**　어미 **모**　있을 **유**　병 **병**　　근심할 **우**　말 이을 **이**　꾀할 **모**　병 고칠 **료**

부모가 병환이 있으시거든 근심하여 치료할 것을 꾀하여라.

父				憂			
아비 부　ノハケ父				근심할 우　一厂万丙百百恵恵恵憂憂			
母				而			
어미 모　ㄴ乂乂乌母				말 이을 이　一ナナ丙而而			
有				謀			
있을 유　ノナオ有有有				꾀할 모　丶一三言計計計詳詳謀謀			
病				療			
병 병　丶一广广广疒疒病病病				병 고칠 료　丶一广广广疒疒疒病病病療			

부	모	가		병	환	이		있	으	시	거	든
근	심	하	여		치	료	할		것	을		꾀	하
여	라	.										

자유롭게 써보세요

裹糧以送 이면 勿懶讀書 하라.

쌀과 양식량 써이 보낼송 말물 게으르라 읽을독 책서
　　　양식양

양식을 싸서 보내면 독서하기를 게을리 말라.

裹	裹	裹			勿	勿	勿		
쌀과	亠古亩車東寅裹裹裹				말물	丿勹勿勿				
糧	糧	糧			懶	懶	懶		
양식량	丷丷丬丬米籵籵籵粨粨糎糧糧糧 ||			게으를라	丨忄忄忄恒恒恺憐憐憐懶懶懶 ||		
以	以	以			讀	讀	讀		
써이	丨丨丨以以 ||			읽을독	亠二言言計詰詰詰詰讀讀讀讀 ||		
送	送	送			書	書	書		
보낼송	八쓰ᅩ关关送送 ||			책서	フヨ圭聿書書書書 ||		

양	식	을		싸	서		보	내	면		독	서
하	기	를		게	을	리		말	라	.		

자유롭게 써보세요

口勿雜談하고　手勿雜戲하라

입구　말물　섞일잡　말씀담　　손수　말물　섞일잡　희롱할희

입으로는 잡담을 하지 말고 손으로는 장난을 하지 말라.

口					手				
입 구	ㅣㅁ口				손 수	ノ二三手			
勿					勿				
말 물	ノクケ勿				말 물	ノクケ勿			
雜					雜				
섞일 잡	亠亠产产卒卒亲茶雜雜				섞일 잡	亠亠产产卒卒亲茶雜雜			
談					戲				
말씀 담	亠亠言言言詂詂談				희롱할 희	ㅣ ㅏ ㅏ 户 户 庐 虎 虛 虛 戲 戲 戲			

입으로는 잡담을 하지 말
고 손으로는 장난을 하지
말라.

자유롭게 써보세요

若告西遊하고 不復東征하라.

만일 **약** 알릴 **고** 서녘 **서** 놀 **유**   아닐 **불** 다시 **부** 동녘 **동** 갈 **정**

만일 서쪽에서 논다 말씀 드렸으면 동쪽으로 가지 말라.

若	若	若			不	不	不		
만일 **약**	一 十 卄 ザ ザ 若 若 若				아닐 **불**	一 フ イ 不			
告	告	告			復	復	復		
알릴 **고**	ノ 一 丄 牛 牛 告 告				다시 **부**	ノ ノ 彳 彳 彳 復 復 復			
西	西	西			東	東	東		
서녘 **서**	一 一 币 两 西 西				동녘 **동**	一 一 币 币 百 車 東			
遊	遊	遊			征	征	征		
놀 **유**	一 ニ 方 方 方 芳 斿 斿 游 遊				갈 **정**	ノ ノ 彳 彳 彳 征 征 征			

만	일		서	쪽	에	서		논	다		말	씀
드	렸	으	면		동	쪽	으	로		가	지		말
라	.											

자유롭게 써보세요

出必告之 이어든 返必拜謁 하라.

날 **출** 반드시 **필** 알릴 **고** 갈 **지**   돌아올 **반** 반드시 **필** 절 **배** 아뢸 **알**

나갈 때는 반드시 아뢰고 돌아와서도 반드시 뵙고 아뢰어라.

出	出	出			返	返	返		
날 출	ㅣ ㅁ ㅂ 出 出				돌아올 반	ㄱ 厂 厂 反 反 返 返			
必	必	必			必	必	必		
반드시 필	ヽ ソ 必 必 必				반드시 필	ヽ ソ 必 必 必			
告	告	告			拜	拜	拜		
알릴 고	ノ ㄴ 屮 牛 生 告 告				절 배	三 手 手 手 手 拜 拜			
之	之	之			謁	謁	謁		
갈 지	ヽ ㅗ 之				아뢸 알	二 亠 言 訂 訶 詞 謁 謁 謁			

	나	갈		때	는		반	드	시		아	뢰	고
돌	아	와	서	도		반	드	시		뵙	고		아
뢰	어	라	.										

자유롭게 써보세요

立則視足하고 坐則視膝하라.

설립 / 설입 곧즉 볼시 발족   앉을좌 곧즉 볼시 무릎슬

서서는 반드시 부모의 발을 보고 앉아서는 반드시 부모의 무릎을 보듯 하라.

立	立	立		
설입	`丶 亠 ナ 立`			
則	則	則		
곧즉	`丨 冂 冃 目 貝 貝 則`			
視	視	視		
볼시	`丶 亠 亍 示 示 和 神 神 視`			
足	足	足		
발족	`丨 口 口 甲 甲 足 足`			

坐	坐	坐		
앉을좌	`丿 人 亻 亻亻 坐 坐`			
則	則	則		
곧즉	`丨 冂 冃 目 貝 貝 則`			
視	視	視		
볼시	`丶 亠 亍 示 示 和 神 神 視`			
膝	膝	膝		
무릎슬	`丿 几 月 肝 肝 肚 胖 膝 膝 膝`			

서서는 반드시 부모의 발
을 보고 앉아서는 반드시
부모의 무릎을 보듯 하라.

자유롭게 써보세요

昏必定褥 하고 晨必省候 하라.

어두울 혼 **반드시 필** **정할 정** **요 욕** **새벽 신** **반드시 필** **살필 성** **기후 후**

저녁에는 이부자리를 살피고 새벽에는 반드시 문안을 살펴라.

昏				晨			
어두울 혼	一 厂 氏 昏 昏 昏			새벽 신	口 日 尸 月 晨 晨		
必				必			
반드시 필	ノ 丿 必 必 必			반드시 필	ノ 丿 必 必 必		
定				省			
정할 정	宀 宀 宀 定 定			살필 성	小 少 少 省 省 省		
褥				候			
요 욕	衤 衤 衤 褥			기후 후	亻 佢 佢 佢 候 候		

저녁에는 이부자리를 살피고 새벽에는 반드시 문안을 살펴라.

자유롭게 써보세요

父母愛之 이시어든 喜而勿忘 하라.

아비 **부** 어미 **모** 사랑 **애** 갈 **지**　　　기쁠 **희** 말 이을 **이** 말 **물** 잊을 **망**

부모가 나를 사랑하시거든 기뻐하여 잊지 말라.

아비 부	父	父			기쁠 희	喜	喜		
어미 모	母	母			말 이을 이	而	而		
사랑 애	愛	愛			말 물	勿	勿		
갈 지	之	之			잊을 망	忘	忘		

부모가 나를 사랑하시거든

기뻐하여 잊지 말라.

자유롭게 써보세요

父母責之 어시든 反省勿怨 하라.

아비 **부** 어미 **모** 꾸짖을 **책** 갈 **지**   되돌릴 **반** 살필 **성** 말 **물** 원망할 **원**

부모가 나를 꾸짖으시거든 반성하고 원망하지 말라.

父					反				
아비 **부**	ノ ハ ク 父				되돌릴 **반**	一 厂 厅 反			
母					省				
어미 **모**	乙 口 口 口 母				살필 **성**	丨 小 少 少 省 省 省			
責					勿				
꾸짖을 **책**	一 十 土 青 青 責 責				말 **물**	ノ 勹 勺 勿			
之					怨				
갈 **지**	丶 亠 之				원망할 **원**	勹 夕 夗 怨 怨 怨 怨			

부모가 나를 꾸짖으시거든

반성하고 원망하지 말라.

자유롭게 써보세요

行勿慢步 하고   坐勿倚身 하라.

다닐 **행** 말 **물** 거만할 **만** 걸음 **보**   앉을 **좌** 말 **물** 의지할 **의** 몸 **신**

걸음을 거만하게 걷지 말고 앉을 때에는 몸을 기대지 말라.

行	行	行			坐	坐	坐		
다닐 **행**	ノ ノ 彳 彳 行 行				앉을 **좌**	ノ 人 亻 从 丛 坐 坐			
勿	勿	勿			勿	勿	勿		
말 **물**	ノ 勹 勹 勿				말 **물**	ノ 勹 勹 勿			
慢	慢	慢			倚	倚	倚		
거만할 **만**	ノ 忄 忄 忄 㥄 㥄 慢 慢				의지할 **의**	ノ 亻 亻 仕 伫 倚 倚			
步	步	步			身	身	身		
걸음 **보**	ノ 卜 止 止 步 步 步				몸 **신**	ノ 亻 亻 鬥 甪 身 身			

걸	음	을		거	만	하	게		걷	지		말
고		앉	을		때	에	는		몸	을		기	대
지		말	라	.								

자유롭게 써보세요

勿立門中하고　勿坐房中하라.

말물　설립　문문　가운데중　　**말물　앉을좌　방방　가운데중**

문 한가운데는 서지 말고 방 한가운데는 앉지 말라.

勿				勿			
말물	′ 勹 勽 勿			말물	′ 勹 勽 勿		
立				坐			
설립	` 亠 亠 立 立			앉을좌	′ 人 从 从 丛 坐 坐		
門				房			
문문	l l¹ l⁷ l⁷ 即 門 門 門			방방	` 亠 彐 户 户 户 房 房		
中				中			
가운데중	l 口 口 中			가운데중	l 口 口 中		

문	한	가	운	데	는	서	지	말	고
방	한	가	운	데	는	앉	지	말	라.

자유롭게 써보세요

鷄鳴而起 하고　必盥必漱 하라.

닭 계　울 명　말 이을 이　일어날 기　　반드시 필　대야 관　반드시 필　양치질할 수

닭이 우는 새벽에 일어나서 반드시 세수하고 양치하라.

鷄	鷄	鷄			必	必	必		
닭 계	｀ ′ ｀ 冬 冬 奚 奚 奚 奚 奚 鷄 鷄 鷄				반드시 필	｀ ｿ 必 必 必			
鳴	鳴	鳴			盥	盥	盥		
울 명	丨 口 口⼝ 吗 嗚 鳴				대야 관	｀ ｨ ｆ 臼 臼⼁ 脜 脜 脜 盥 盥			
而	而	而			必	必	必		
말 이을 이	一 ｒ ｒ 丙 而 而				반드시 필	｀ ｿ 必 必 必			
起	起	起			漱	漱	漱		
일어날 기	一 土 キ 走 起 起 起				양치질할 수	｀ ｼ ｼ ｼ 沪 津 渎 漱 漱 漱			

	닭	이		우	는		새	벽	에		일	어	나
서		반	드	시		세	수	하	고		양	치	하
라	.												

자유롭게 써보세요

言語必愼하고 居處必恭하라.

말씀 **언** 말씀 **어** 반드시 **필** 삼갈 **신**　　살 **거** 곳 **처** 반드시 **필** 공손할 **공**

말은 반드시 삼가고 거처는 반드시 공손히 하라.

言				居			
말씀 **언**	`丶亠亡亡言言言`			살 **거**	`フコア尸居居`		
語				處			
말씀 **어**	`丶言訁語語語`			곳 **처**	`丿卜广卢卢虍處處處`		
必				必			
반드시 **필**	`丶ソ必必必`			반드시 **필**	`丶ソ必必必`		
愼				恭			
삼갈 **신**	`丶忄忄忄愼愼愼`			공손할 **공**	`一廿卄共共恭恭`		

말은 반드시 삼가고 거처

는 반드시 공손히 하라.

자유롭게 써보세요

始習文字 이어든 字劃楷正 하라.

비로소 **시** 익힐 **습** 글월 **문** 글자 **자**　　글자 **자** 그을 **획** 본보기 **해** 바를 **정**

비로소 문자를 익힘에는 글자를 바르고 정확하게 하라.

始	始 始			字	字 字		
비로소 **시**	ㄥ ㄠ ㄠ 奻 始 始			글자 **자**	丶 宀 宀 宀 字 字		
習	習 習			劃	劃 劃		
익힐 **습**	ㄱ ㅋ 扪 羽 羽 習 習			그을 **획**	一 ㄱ 一 크 聿 聿 畫 畫 畫 劃		
文	文 文			楷	楷 楷		
글월 **문**	丶 亠 ナ 文			본보기 **해**	一 十 十 木 木 杦 杦 档 楷 楷		
字	字 字			正	正 正		
글자 **자**	丶 宀 宀 宀 字 字			바를 **정**	一 丅 下 正 正		

비	로	소		문	자	를		익	힘	에	는	
글	자	를		바	르	고		정	확	하	게	하
라	.											

자유롭게 써보세요

父母之年은 不可不知하느니라.

아비 **부** 어미 **모** 갈 **지** 해 **년**   아닐 **불** 옳을 **가** 아닐 **부** 알 **지**

부모님의 나이는 반드시 알아야 하느니라.

父				不			
아비 부	′ ′ ⺈ 父			아닐 불	一 プ ア 不		
母				可			
어미 모	ㄴ ㄉ ㄌ ㄌ 母			옳을 가	一 丆 亓 可 可		
之				不			
갈 지	′ ㄅ 之			아닐 부	一 プ ア 不		
年				知			
해 년	′ ′ ㄠ ㄠ 年 年			알 지	′ ㄏ 乍 矢 矢 知 知		

부 모 님 의   나 이 는   반 드 시

알 아 야   하 느 니 라 .

자유롭게 써보세요

飮食雖惡이라도 與之必食하고

마실 **음**　먹을 **식**　비록 **수**　나쁠 **악**　　줄 **여**　갈 **지**　반드시 **필**　먹을 **식**

음식이 비록 좋지 않더라도 주시면 반드시 먹어야 하고,

飮	飮	飮			與	與	與		
마실 음	ノ𠂉𠂉𠂉𠂉𠂉食飮飮				줄 여	′′𠂉𠂉𠂉𠂉𠂉𠂉𠂉與與			
食	食	食			之	之	之		
먹을 식	ノ人𠆢𠆢今今今食食食				갈 지	′𠂆之			
雖	雖	雖			必	必	必		
비록 수	口吕虽蜀雖雖雖				반드시 필	′ソ必必必			
惡	惡	惡			食	食	食		
나쁠 악	一一一一亞亞亞惡惡				먹을 식	ノ人𠆢𠆢今今今食食食			

음식이 비록 좋지 않더라
도 주시면 반드시 먹어야
하고,

자유롭게 써보세요

衣服雖惡 하더라도 與之必着 하느니라.

옷 **의**   옷 **복**   비록 **수**   나쁠 **악**   줄 **여**   갈 **지**   반드시 **필**   입을 **착**

의복이 비록 나쁘더라도 주시거든 반드시 입어야 하느니라.

衣				與			
옷 의	丶亠亣衣衣			줄 여	丨ㅏㅏ㇒臼臼與與		
服				之			
옷 복	月月月月肝服服			갈 지	丶㇇之		
雖				必			
비록 수	口吕虽虽虽雖雖			반드시 필	丶丿必必必		
惡				着			
나쁠 악	一TГ币西亞亞亞惡惡			입을 착	丷䒑羊养着着		

의	복	이		비	록		나	쁘	더	라	도	
주	시	거	든		반	드	시		입	어	야	하
느	니	라	.									

자유롭게 써보세요

衣服帶鞋는 勿失勿裂하라.
옷 의 옷 복 띠 대 신 혜   말 물 잃을 실 말 물 찢을 렬

의복과 혁대와 신발은 잃어버리지도 말고 찢지도 말라.

衣	衣	衣			勿	勿	勿		
옷 의	丶一亠ナ衣衣				말 물	丿勹勹勿			
服	服	服			失	失	失		
옷 복	丿 月 月 月 服 服 服				잃을 실	丿 一 亠 失 失			
帶	帶	帶			勿	勿	勿		
띠 대	一 十 卅 卅 冊 帶 帶 帶				말 물	丿勹勹勿			
鞋	鞋	鞋			裂	裂	裂		
신 혜	一 十 廿 廿 苔 革 革 鞋 鞋				찢을 렬	一 万 歹 列 列 裂 裂			

의	복	과		혁	대	와		신	발	은		잃
어	버	리	지	도		말	고		찢	지	도	말
라	.											

자유롭게 써보세요

寒不敢襲 하고　暑勿褰裳 하라.

찰 **한**　아닐 **불**　감히 **감**　엄습할 **습**　　더울 **서**　말 **물**　걷어올릴 **건**　치마 **상**

춥다고 옷을 껴입지 말고 덥다고 치마나 바지를 걷지 말라.

寒					暑				
찰 **한**	`` `宀宀宇宙実実寒 ``				더울 **서**	`` 口日早昇昇暑暑 ``			
不					勿				
아닐 **불**	`` 一ブオ不 ``				말 **물**	`` ノ勹勺勿 ``			
敢					褰				
감히 **감**	`` 一工厂干王手耳耶敢敢 ``				걷어올릴 **건**	`` `宀宀宇宙宙実実寒寒褰 ``			
襲					裳				
엄습할 **습**	`` 立产音音音音龍龍龍襲襲 ``				치마 **상**	`` 卄尚尚堂堂堂裳 ``			

춥	다	고		옷	을		껴	입	지		말	고

| 덥 | 다 | 고 | | 치 | 마 | 나 | | 바 | 지 | 를 | | 걷 | 지 |

| 말 | 라 | . |

자유롭게 써보세요

夏則扇枕 이어든 冬則溫被 하니라.

여름 **하**　곧 **즉**　부채 **선**　베개 **침**　　겨울 **동**　곧 **즉**　따뜻할 **온**　이불 **피**

여름에는 머리맡을 부채질로 시원하게 하고
겨울에는 이불을 따뜻하게 해 드려라.

夏	夏	夏	
여름 하	一 丆 丂 百 頁 夏 夏		
則	則	則	
곧 즉	丨 冂 月 目 貝 貝 則		
扇	扇	扇	
부채 선	丶 冖 户 户 肩 扇 扇		
枕	枕	枕	
베개 침	一 十 才 木 木 朴 枕		

冬	冬	冬	
겨울 동	丿 ク 夂 冬 冬		
則	則	則	
곧 즉	丨 冂 月 目 貝 貝 則		
溫	溫	溫	
따뜻할 온	氵 沪 沢 渭 渭 溫 溫		
被	被	被	
이불 피	丶 ネ ネ 衤 衤 衬 被 被		

여	름	에	는		머	리	맡	을		부	채	질
로		시	원	하	게		하	고		겨	울	에	는
이	불	을		따	뜻	하	게		해		드	려	라.

자유롭게 써보세요

侍坐親側 이어든 進退必恭 하니라.

모실 **시**　앉을 **좌**　어버이 **친**　곁 **측**　　　나아갈 **진**　물러날 **퇴**　반드시 **필**　공손할 **공**

부모님을 옆에 모시고 앉을 때는 나아가고 물러감을 반드시 공손히 해야 한다.

侍 모실 시	侍	侍			進 나아갈 진	進	進		
ノ イ イ 仁 什 侍 侍 侍					ノ イ イ 仁 什 隹 隹 淮 進					
坐 앉을 좌	坐	坐			退 물러날 퇴	退	退		
ノ ト ト 业 坐 坐 坐					フ ヨ ア 尸 艮 艮 退 退					
親 어버이 친	親	親			必 반드시 필	必	必		
亠 ㅛ 호 亲 亲 훼 親 親					丶 ノ 必 必 必					
側 곁 측	側	側			恭 공손할 공	恭	恭		
ノ イ 们 侃 倶 側 側					一 艹 卄 共 共 恭 恭					

부	모	님	을		옆	에		모	시	고		앉
을		때	는		나	아	가	고		물	러	감	을
반	드	시		공	손	히		해	야		한	다	.

자유롭게 써보세요

膝前勿坐 하고 親面勿仰 하라.

무릎 **슬** 앞 **전** 말 **물** 앉을 **좌**   친할 **친** 얼굴 **면** 말 **물** 우러를 **앙**

부모님의 무릎 앞에 앉지 말고 부모님의 얼굴은 똑바로 쳐다보지 말라.

膝	膝	膝			親	親	親		
무릎 **슬**	ノ 刀 月 厂 胪 胪 胪 膝 膝 膝				친할 **친**	丶 亠 쿄 프 후 亲 亲 新 新 親 親			
前	前	前			面	面	面		
앞 **전**	丶 丷 产 首 首 前 前				얼굴 **면**	一 丆 而 而 面 面			
勿	勿	勿			勿	勿	勿		
말 **물**	ノ 勹 勺 勿				말 **물**	ノ 勹 勺 勿			
坐	坐	坐			仰	仰	仰		
앉을 **좌**	ノ 人 시 싸 쏘 坐 坐				우러를 **앙**	ノ 亻 亻 佢 仰 仰			

부	모	님	의		무	릎		앞	에		앉	지
말	고		부	모	님	의		얼	굴	은		똑	바
로		쳐	다	보	지		말	라	.			

자유롭게 써보세요

父母臥命 하시면 俯首聽之 하느니라.

아비 **부** 어미 **모** 누울 **와** 명령 **명**　　숙일 **복** 머리 **수** 들을 **청** 갈 **지**

부모님이 누워서 명하시면 머리를 숙이고 들어야 하느니라.

父				俯			
아비 **부**	ノハグ父			숙일 **복**	ノイ亻亻广庐庐俯俯		
母				首			
어미 **모**	ㄴㄩ﨎母母			머리 **수**	ㅛㅛ丷产首首		
臥				聽			
누울 **와**	一 丆 丂 푸 臣 臥			들을 **청**	一ㄒㅌㅌㅌ耳耳耳耵聇聽聽聽		
命				之			
명령 **명**	ノ人ㅅ合合命命			갈 **지**	ㄱ ㅋ 之		

부	모	님	이		누	워	서		명	하	시	면
머	리	를		숙	이	고		들	어	야		하	느
니	라	.										

자유롭게 써보세요

居處靖靜하며 步履安詳하라.

살 거 / 곳 처 / 편하게 할 정 / 고요할 정 / 걸음 보 / 밟을 리 / 편안할 안 / 자세할 상

거처할 때에는 조용히 움직이고 걸음걸이는 편안하고 조용하게 하라.

居 살거	處 곳처	靖 편하게할정	靜 고요할정
步 걸음보	履 밟을리	安 편안할안	詳 자세할상

거처할 때에는 조용히 움
직이고 걸음걸이는 편안하고
조용하게 하라.

자유롭게 써보세요

飽食暖衣 하며 逸居無敎 하면

배부를 포 **먹을 식** **따뜻할 난** **옷 의**   **편안할 일** **살 거** **없을 무** **가르칠 교**

배불리 먹고 옷을 따뜻하게 입으며 편히 살면서 가르치지 않으면,

飽				逸		
배부를 포	ノ ケ ケ 乍 乍 乍 飠 飠 飠 飽 飽			편안할 일	ノ ヶ 丘 乌 免 免 逸 逸	
食				居		
먹을 식	ノ 人 入 今 今 今 倉 倉 食			살 거	一 コ 尸 尸 尸 居 居	
暖				無		
따뜻할 난	1 ㅂ ㅂ ㅂ ㅂ ㅂ 暖 暖 暖			없을 무	ノ 一 無 無 無 無	
衣				敎		
옷 의	丶 一 ナ 才 衣 衣			가르칠 교	ノ × 丰 丰 丰 孝 孝 孝 教 教	

배	불	리		먹	고		옷	을		따	뜻	하
게		입	으	며		편	히		살	면	서		가
르	치	지		않	으	면	,					

자유롭게 써보세요

卽近禽獸하니 聖人憂之하니라.

곧 **즉** 가까울 **근** 날짐승 **금** 짐승 **수**　　성인 **성** 사람 **인** 근심 **우** 갈 **지**

곧 금수와 다름이 없느니 성인은 그것을 걱정하시니라.

卽	卽	卽			聖	聖	聖		
곧 **즉**	՚ ⺊ ⺈ 白 皀 卽 卽				성인 **성**	一 T F E 耳 耶 聖 聖 聖			
近	近	近			人	人	人		
가까울 **근**	՚ 厂 斤 斤 近 近				사람 **인**	ノ 人			
禽	禽	禽			憂	憂	憂		
날짐승 **금**	ノ 人 人 스 今 今 含 侴 禽 禽 禽				근심 **우**	一 T 百 百 更 惠 憂 憂 憂 憂			
獸	獸	獸			之	之	之		
짐승 **수**	1 口 口 吅 吅 吅 哭 單 單 獸 獸				갈 **지**	՚ ㇉ 之			

곧 금수와 다름이 없느니

성인은 그것을 걱정하시니라.

자유롭게 써보세요

學優則仕 하야   爲國盡忠 하고

배울 **학**   넉넉할 **우**   곧 **즉**   벼슬할 **사**   할 **위**   나라 **국**   다할 **진**   충성 **충**
             법칙 **칙**

학문이 넉넉하면 벼슬을 해서 나라를 위해 충성을 다하고,

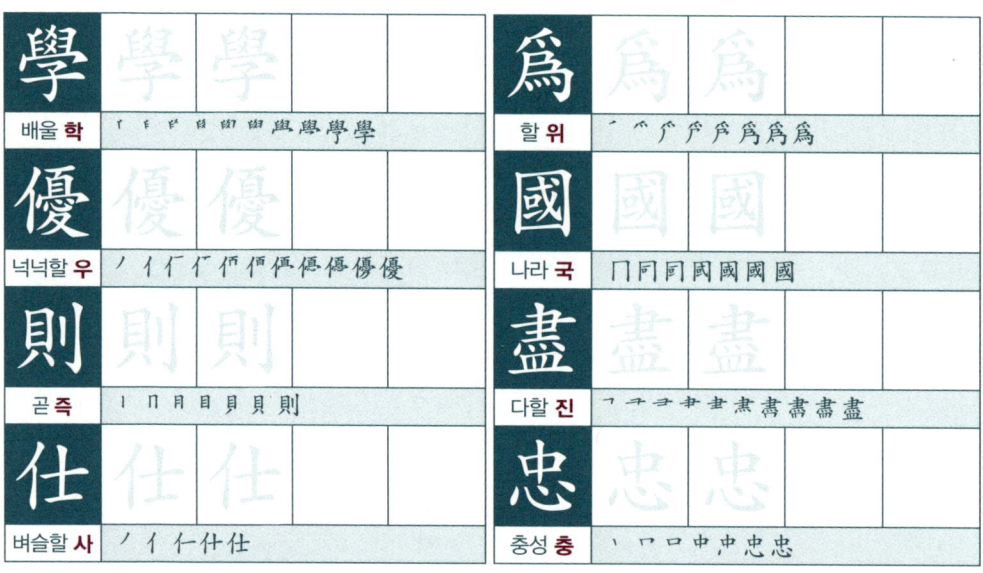

| 학문이 | 넉넉하면 | 벼슬을 |
| 해서 | 나라를 | 위해 | 충성을 |
| 다하고, |

자유롭게 써보세요

敬信節用하야 愛民如子하라.

공경할 **경**　믿을 **신**　마디 **절**　쓸 **용**　　　사랑 **애**　백성 **민**　같을 **여**　아들 **자**

조심해서 미덥게 일하며 재물을 아껴 쓰고 백성을 사랑함은
자식과 같게 하라.

敬	敬	敬			愛	愛	愛		
공경할 경	ノ 艹 艹 芍 芍 苟 苟 敬				사랑 애	ノ 爫 爫 爫 炉 赑 愛			
信	信	信			民	民	民		
믿을 신	ノ 亻 亻 信 信 信				백성 민	ㄱ ㄱ 卩 圧 民			
節	節	節			如	如	如		
마디 절	ノ ト 竹 竹 竹 竹 竹 節 節				같을 여	ㄑ 夂 女 如 如 如			
用	用	用			子	子	子		
쓸 용	ノ 几 月 月 用				아들 자	ㄱ 了 子			

조	심	해	서		미	덥	게		일	하	며
재	물	을		아	껴		쓰	고		백	성	을
사	랑	함	은		자	식	과		같	게		하	라.

자유롭게 써보세요

人倫之中에 忠孝爲本이니

사람 **인** 인륜 **륜** 갈 **지** 가운데 **중**   충성 **충** 효도 **효** 할 **위** 근본 **본**

인륜 가운데에 충과 효가 근본이 되니,

人				忠			
사람 **인**	ノ 人			충성 **충**	丶 口 口 中 忠 忠 忠		
倫				孝			
인륜 **륜**	ノ 个 伶 伶 伶 倫 倫			효도 **효**	一 十 土 耂 考 孝		
之				爲			
갈 **지**	丶 亠 之			할 **위**	丶 ヽ 广 产 戶 爲 爲 爲		
中				本			
가운데 **중**	丶 口 口 中			근본 **본**	一 十 才 木 本		

	인	륜		가	운	데	에		충	과		효	가

| 근 | 본 | 이 | | 되 | 니 | , |

자유롭게 써보세요

孝當竭力하고 忠則盡命하라.

효도 **효** 마땅할 **당** 다할 **갈** 힘 **력**　　충성 **충** 곧 **즉** 다할 **진** 목숨 **명**

효도는 마땅히 힘을 다해야 하고 충성은 목숨을 다해야 한다.

孝	孝	孝			忠	忠	忠		
효도 **효**	一十土耂耂孝孝				충성 **충**	丨口口中中忠忠			
當	當	當			則	則	則		
마땅할 **당**	丨凵屵屵當當當				곧 **즉**	丨冂月目貝貝則			
竭	竭	竭			盡	盡	盡		
다할 **갈**	丶立立立竭竭竭				다할 **진**	그ㅋ尹聿書書書盡			
力	力	力			命	命	命		
힘 **력**	丿力				목숨 **명**	人人人合合命命			

효	도	는		마	땅	히		힘	을		다	해
야		하	고		충	성	은		목	숨	을	다
해	야		한	다	.							

자유롭게 써보세요

兄弟姉妹는 同氣而生이니
맏 **형**　아우 **제**　손위 누이 **자**　누이 **매**　　한가지 **동**　기운 **기**　말 이을 **이**　날 **생**

형제와 자매는 한 기운을 받고 태어났으니,

兄					同				
맏 **형**	ㅣ ㅁ ㅁ 尸 兄				한가지 **동**	ㅣ 冂 冂 同 同			
弟					氣				
아우 **제**	` ` ` 当 弟 弟				기운 **기**	´ ⺊ 气 气 氣 氣 氣			
姉					而				
손위 누이 **자**	ㄑ 爻 女 女 妒 妒 姉				말 이을 **이**	ㅡ 厂 广 丙 而 而			
妹					生				
누이 **매**	ㄑ 爻 女 女 妒 妹 妹				날 **생**	ㅣ ㄴ ㅌ 牛 生			

형	제	와		자	매	는		한		기	운	을
받	고		태	어	났	으	니	,				

자유롭게 써보세요

兄友弟恭하야 不敢怨怒하니라.

맏 **형**　우애 **우**　아우 **제**　공손할 **공**　　아닐 **불**　감히 **감**　원망할 **원**　성낼 **노**

형은 우애하고 아우는 공손히 하여 감히 원망하거나 성내지 말아야 한다.

兄	兄	兄			不	不	不		
맏 **형**	ノ 口 ロ 尸 兄				아닐 **불**	一 ア 不 不			
友	友	友			敢	敢	敢		
우애 **우**	一 ナ 方 友				감히 **감**	一 T 工 干 干 干 育 耳 敢 敢			
弟	弟	弟			怨	怨	怨		
아우 **제**	` ` ` 弓 弟 弟				원망할 **원**	ノ ク タ タ 处 処 怨 怨			
恭	恭	恭			怒	怒	怒		
공손할 **공**	一 卄 廾 共 共 恭 恭				성낼 **노**	∟ 女 女 如 奴 怒 怒			

형	은		우	애	하	고		아	우	는		공
손	히		하	여		감	히		원	망	하	거	나
성	내	지		말	아	야		한	다	.		

자유롭게 써보세요

骨肉雖分 이나 本生一氣 요

뼈**골**　고기**육**　비록**수**　나눌**분**　　　근본**본**　날**생**　한**일**　기운**기**

뼈와 살은 비록 나누어졌으나 본래 한 기운에서 태어났으며,

骨	뼈골	丨 冂 冂 罒 严 骨 骨
肉	고기육	丨 冂 内 内 肉 肉
雖	비록수	丨 冂 口 虽 虽 虽 虽 雖 雖
分	나눌분	丿 八 分 分

本	근본본	一 十 才 木 本
生	날생	丿 ㅗ ㅜ 牛 生
一	한일	一
氣	기운기	一 ㅡ 气 气 気 氣 氣

뼈와 살은 비록 나누어졌으나 본래 한 기운에서 태어났으며,

자유롭게 써보세요

形體雖異나 素受一血이니라.

모양 **형**　몸 **체**　비록 **수**　다를 **이**　　바탕 **소**　받을 **수**　한 **일**　피 **혈**

형체는 비록 다르나 본래 한 핏줄을 받았느니라.

形	形	形			素	素	素		
모양 형	一 二 テ 开 形 形 形				바탕 소	一 二 十 土 主 素 素 素 素			
體	體	體			受	受	受		
몸 체	骨 骨 骨 體 體 體 體 體				받을 수	受 受 受 受 受 受 受 受			
雖	雖	雖			一	一	一		
비록 수	雖 雖 雖 雖 雖 雖 雖 雖 雖				한 일	一			
異	異	異			血	血	血		
다를 이	異 異 異 異 異 異 異 異 異				피 혈	血 血 血 血 血 血			

형체는 비록 다르나 본래

한 핏줄을 받았느니라.

자유롭게 써보세요

比之於木 하면 同根異枝 하며
견줄 비 갈 지 어조사 어 나무 목   **한가지 동 뿌리 근 다를 이 가지 지**

나무에 비유하면 뿌리는 같으나 가지는 다른 것과 같고,

比	比	比			同	同	同		
견줄 비	ーヒ比比				한가지 동	丨冂冂同同			
之	之	之			根	根	根		
갈 지	、 ㇇ 之				뿌리 근	一十才木术枦根根根			
於	於	於			異	異	異		
어조사 어	一方方が於於				다를 이	丨冂冃田田甲異異			
木	木	木			枝	枝	枝		
나무 목	一十才木				가지 지	一十才木朴枝枝			

나무에 비유하면 뿌리는
같으나 가지는 다른 것과
같고,

자유롭게 써보세요

比之於水하면 同源異流하니라.

견줄 **비** 갈 **지** 어조사 **어** 물 **수**   한가지 **동** 근원 **원** 다를 **이** 흐를 **류**

물에 비하면 근원은 같으나 흐름은 다른 것과 같다.

比	比	比		同	同	同	
견줄 비	ーヒ比			한가지 동	ㅣ冂冂同同		
之	之	之		源	源	源	
갈 지	、㇇之			근원 원	㇀㇀氵汀汀沥沥沥源源		
於	於	於		異	異	異	
어조사 어	㇀㇀方方於於於			다를 이	一冂日田甲异里異		
水	水	水		流	流	流	
물 수	㇀冫水水			흐를 류	㇀㇀氵汁汁浐流流		

물에 비하면 근원은 같으

나 흐름은 다른 것과 같다.

자유롭게 써보세요

爲兄爲弟가 何忍不和하리오.

될**위** 맏**형** 될**위** 아우**제**   어찌**하** 참을**인** 아닐**불** 화할**화**

형 되고 아우 된 자가 차마 어찌 불화하리오.

爲	爲	爲		
될**위**	`丶丶丿丆广爫爲爲`			

兄	兄	兄		
맏**형**	`丨冂口尸兄`			

爲	爲	爲		
될**위**	`丶丶丿丆广爫爲爲`			

弟	弟	弟		
아우**제**	`丶丶丷䒑弟弟`			

何	何	何		
어찌**하**	`丿亻仁仃何何何`			

忍	忍	忍		
참을**인**	`丁刀刃忍忍忍`			

不	不	不		
아닐**불**	`一丆才不`			

和	和	和		
화할**화**	`丿二千禾禾和和`			

형 되고 아우 된 자가
차마 어찌 불화하리오.

자유롭게 써보세요

兄弟怡怡 하야 行則雁行 하라.

맏 **형**　아우 **제**　기쁠 **이**　기쁠 **이**　　　갈 **행**　곧 **즉**　기러기 **안**　갈 **행**

형제는 서로 기뻐해야 하고 길을 갈 때는 기러기 떼처럼 나란히 가라.

兄	兄	兄			行	行	行		
맏 **형**	ㅣㅁㅁㅁ兄兄				갈 **행**	ノ ノ イ 彳 行 行			
弟	弟	弟			則	則	則		
아우 **제**	ㆍ ㆍ ㆍ ㅛ 弓 弟 弟				곧 **즉**	ㅣ ㄇ ㅁ 日 目 貝 則			
怡	怡	怡			雁	雁	雁		
기쁠 **이**	ㆍ ㆍ ㅑ ㅑ ㅑ 怡 怡				기러기 **안**	一 厂 ア 仄 伋 伋 雁 雁			
怡	怡	怡			行	行	行		
기쁠 **이**	ㆍ ㆍ ㅑ ㅑ ㅑ 怡 怡				갈 **행**	ノ ノ イ 彳 行 行			

형	제	는		서	로		기	뻐	해	야		하
고		길	을		갈		때	는		기	러	기
떼	처	럼		나	란	히		가	라	.		

자유롭게 써보세요

寢則連衾하고 食則同牀하라.

잠잘 **침**   곧 **즉**   이을 **연**   이불 **금**   먹을 **식**   곧 **즉**   같을 **동**   평상 **상**

잠잘 때에는 이불을 나란히 덮고 밥 먹을 때에는 밥상을 함께하라.

寢					食				
잠잘 **침**					먹을 **식**				
則					則				
곧 **즉**					곧 **즉**				
連					同				
이을 **연**					같을 **동**				
衾					牀				
이불 **금**					평상 **상**				

잠잘		때에는		이불을		나란
히	덮고	밥	먹을		때에는	
밥상을		함께하라.				

자유롭게 써보세요

近墨者黑이요   近朱者赤이니

가까울 **근**   먹 **묵**   놈 **자**   검을 **흑**   가까울 **근**   붉을 **주**   놈 **자**   붉을 **적**

먹을 가까이 하는 사람은 검어지고 붉은 빛을 가까이하는 사람은 붉게 되니

近	近	近				近	近	近			
가까울 근	ノ 厂 斤 斤 近 近					가까울 근	ノ 厂 斤 斤 近 近				
墨	墨	墨				朱	朱	朱			
먹 묵	丨 冂 冃 日 甲 里 黒 黒 墨 墨					붉을 주	ノ 亠 牛 朱				
者	者	者				者	者	者			
놈 자	一 十 土 耂 者 者 者					놈 자	一 十 土 耂 者 者 者				
黑	黑	黑				赤	赤	赤			
검을 흑	丨 冂 冃 日 甲 里 黒 黒					붉을 적	一 十 土 产 赤 赤				

먹	을		가	까	이		하	는		사	람	은
검	어	지	고		붉	은		빛	을		가	까	이
하	는		사	람	은		붉	게		되	니	

자유롭게 써보세요

居必擇隣 하고　就必有德 하라.

살 **거**　반드시 **필**　가릴 **택**　이웃 **린**　　나아갈 **취**　반드시 **필**　있을 **유**　덕 **덕**

거처할 땐 반드시 이웃을 가리고 나아갈 땐 반드시 덕 있는 사람에게 가라.

居	居	居				就	就	就			
살 **거**	フコアア居居居					나아갈 **취**	一亠亠亠京京京就就				
必	必	必				必	必	必			
반드시 **필**	丶ソ必必必					반드시 **필**	丶ソ必必必				
擇	擇	擇				有	有	有			
가릴 **택**	一十扌扩护押押押擇擇擇					있을 **유**	ノナオ有有有				
隣	隣	隣				德	德	德			
이웃 **린**	フヌドドドド陝陝隣隣隣					덕 **덕**	ノイイ彳行彷待德德德				

거	처	할		땐		반	드	시		이	웃	을
가	리	고		나	아	갈		땐		반	드	시
덕		있	는		사	람	에	게		가	라	.

자유롭게 써보세요

擇而交之면 有所補益하고

가릴 **택**　말 이을 **이**　사귈 **교**　갈 **지**　　있을 **유**　바 **소**　도울 **보**　유익할 **익**

사람을 가려서 사귀면 도움과 유익함이 있고,

擇	擇	擇			有	有	有		
가릴 택	一 † 扌 扩 扩 押 押 挥 擇 擇 擇 擇				있을 유	ノ ナ 广 冇 冇 有			
而	而	而			所	所	所		
말 이을 이	一 T 丌 丙 而 而				바 소	` `´ 戶 所 所 所			
交	交	交			補	補	補		
사귈 교	` 一 亠 六 方 交				도울 보	` ネ ネ 衤 衤 祠 祠 補 補			
之	之	之			益	益	益		
갈 지	` 亠 之				유익할 익	ノ 八 公 六 谷 谷 谷 益			

	사	람	을		가	려	서		사	귀	면		도
움	과		유	익	함	이		있	고	,			

자유롭게 써보세요

不擇而交면 反有害矣니라.

아닐 **불**　가릴 **택**　말 이을 **이**　사귈 **교**　　되돌릴 **반**　있을 **유**　해칠 **해**　어조사 **의**

가리지 않고 사귀면 도리어 해가 있느니라.

不	不	不			反	反	反		
아닐 **불**	一ㄱ不不				되돌릴 **반**	一厂万反			
擇	擇	擇			有	有	有		
가릴 **택**	一十才扌扩扞扞挥揮擇擇擇				있을 **유**	ノナ才有有有			
而	而	而			害	害	害		
말 이을 **이**	一ア丙而而				해칠 **해**	丶宀宀宯宯害害			
交	交	交			矣	矣	矣		
사귈 **교**	丶亠亣交交				어조사 **의**	丶厶丄丄乡矣			

가	리	지		않	고		사	귀	면		도	리

어		해	가		있	느	니	라	.			

자유롭게 써보세요

朋友有過 이어든 忠告善導 하라.

벗 **붕** 벗 **우** 있을 **유** 허물 **과** 　충성 **충** 알릴 **고** 착할 **선** 이끌 **도**

친구에게 잘못이 있거든 충고하여 착하게 인도하라.

朋	朋	朋			忠	忠	忠		
벗 붕	ノ 刀 刀 月 肌 朋 朋				충성 충	丶 口 口 中 中 忠 忠			
友	友	友			告	告	告		
벗 우	一 ナ 方 友				알릴 고	ノ 스 生 牛 生 告 告			
有	有	有			善	善	善		
있을 유	ノ ナ オ 有 有 有				착할 선	丷 䒑 羊 差 善 善 善			
過	過	過			導	導	導		
허물 과	冂 冂 冎 咼 咼 過 過				이끌 도	丷 艹 苩 首 渞 道 導			

친	구	에	게		잘	못	이		있	거	든

충	고	하	여		착	하	게		인	도	하	라	.

자유롭게 써보세요

人無責友면 易陷不義니라.

사람 **인** 없을 **무** 꾸짖을 **책** 벗 **우**   쉬울 **이** 빠질 **함** 아닐 **불** 옳을 **의**

잘못을 꾸짖어 주는 친구가 없으면 의롭지 못한 데 빠지기 쉬우니라.

人	人	人			易	易	易		
사람 **인**	ノ人				쉬울 **이**	丨冂日月鳥易			
無	無	無			陷	陷	陷		
없을 **무**	無無無無				빠질 **함**	阝阽阽陷陷			
責	責	責			不	不	不		
꾸짖을 **책**	一十主青青責				아닐 **불**	一ブ不不			
友	友	友			義	義	義		
벗 **우**	一ナ方友				옳을 **의**	丷丷羊羊義義			

잘	못	을		꾸	짖	어		주	는		친	구
가		없	으	면		의	롭	지		못	한		데
빠	지	기		쉬	우	니	라	.				

자유롭게 써보세요

面讚我善이면 諂諛之人이요

얼굴 **면**　칭찬할 **찬**　나 **아**　착할 **선**　　아첨할 **첨**　아첨할 **유**　갈 **지**　사람 **인**

면전에서 나의 착한 점을 칭찬하면 아첨하는 사람이고,

面	面	面			諂	諂	諂		
얼굴 **면**	一丆丙而面面				아첨할 **첨**	丶亠言言訁訃詔諂諂			
讚	讚	讚			諛	諛	諛		
칭찬할 **찬**	丶亠言言訁詩誹譜譜讚				아첨할 **유**	丶亠言言訁訃諛			
我	我	我			之	之	之		
나 **아**	一二千千我我我				갈 **지**	丶亠之			
善	善	善			人	人	人		
착할 **선**	丷丫羊羊羞善善				사람 **인**	丿人			

면	전	에	서		나	의		착	한		점	을
칭	찬	하	면		아	첨	하	는		사	람	이	고

자유롭게 써보세요

面責我過면 剛直之人이니라.

얼굴 **면** 꾸짖을 **책** 나 **아** 허물 **과**   굳셀 **강** 곧을 **직** 갈 **지** 사람 **인**

면전에서 나의 잘못을 꾸짖으면 굳세고 정직한 사람이다.

面	面	面			剛	剛	剛		
얼굴 **면**	一 ブ 丙 而 面 面				굳셀 **강**	丨 冂 冂 冂 冈 岡 剛 剛			
責	責	責			直	直	直		
꾸짖을 **책**	一 十 土 丰 青 青 責				곧을 **직**	一 十 十 古 盲 直 直			
我	我	我			之	之	之		
나 **아**	ノ 二 千 手 我 我 我				갈 **지**	、 う 之			
過	過	過			人	人	人		
허물 **과**	冂 冂 円 呙 咼 咼 過 過				사람 **인**	ノ 人			

면	전	에	서		나	의		잘	못	을		꾸
짖	으	면		굳	세	고		정	직	한		사	람
이	다	.											

자유롭게 써보세요

言而不信 이면 非直之友 니라.

말씀 **언** 말 이을 **이** 아닐 **불** 믿을 **신**   아니 **비** 곧을 **직** 갈 **지** 벗 **우**

말을 하되 미덥지 못하면 정직한 친구가 아니다.

言	言	言		
말씀 언	`、亠亠言言言`			
而	而	而		
말 이을 이	`一丆丙而而`			
不	不	不		
아닐 불	`一丆不不`			
信	信	信		
믿을 신	`ノイ亻信信信信`			

非	非	非		
아니 비	`ノ丿㇐㇐非非非`			
直	直	直		
곧을 직	`十十古古直直`			
之	之	之		
갈 지	`、㇇之`			
友	友	友		
벗 우	`一ナ方友`			

말	을		하	되		미	덥	지		못	하	면
정	직	한		친	구	가		아	니	다	.	

자유롭게 써보세요

見善從之하고 知過必改하라.

볼 **견** 착할 **선** 좇을 **종** 갈 **지**　　알 **지** 허물 **과** 반드시 **필** 고칠 **개**

착한 것을 보면 그것을 따르고 잘못을 알면 반드시 고쳐라.

見				知			
볼 견	丨冂冃月目貝見			알 지	丿𠂉午矢知知知		
善				過			
착할 선	丷䒑𦍌䒑善善善			허물 과	丨冂冋咼咼過過		
從				必			
좇을 종	丿彳彷徉徉從			반드시 필	丶丷必必		
之				改			
갈 지	丶亠之			고칠 개	𠄌𠃍己改改改		

착	한		것	을		보	면		그	것	을
따	르	고		잘	못	을		알	면		반	드	시
고	쳐	라	.								

자유롭게 써보세요

悅人讚者는 百事皆僞며

기쁠 **열**　사람 **인**　칭찬할 **찬**　놈 **자**　일백 **백**　일 **사**　다 **개**　거짓 **위**

남의 칭찬을 좋아하는 자는 온갖 일이 모두 거짓이고,

悅	기쁠 열
人	사람 인
讚	칭찬할 찬
者	놈 자
百	일백 백
事	일 사
皆	다 개
僞	거짓 위

남의 칭찬을 좋아하는 자는 온갖 일이 모두 거짓이고,

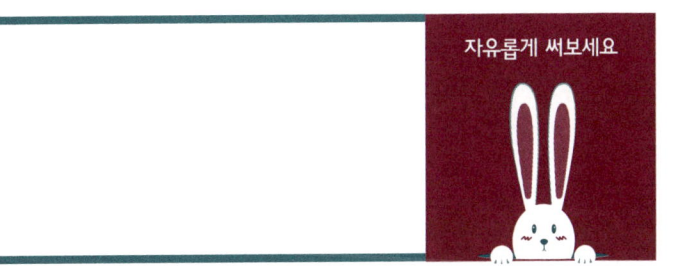

자유롭게 써보세요

厭人責者는 其行無進이니라.

싫을 **염**　사람 **인**　꾸짖을 **책**　놈 **자**　　그 **기**　갈 **행**　없을 **무**　나아갈 **진**

남의 꾸짖음을 싫어하는 자는 그 행동에 진전이 없다.

厭				其		
싫을 **염**　一厂厂厂厈厭厭厭				그 **기**　一十卄甘其其		
人				行		
사람 **인**　ノ人				갈 **행**　ノノ彳彳行行		
責				無		
꾸짖을 **책**　一十土冇青青責				없을 **무**　ノ一二冊無無無		
者				進		
놈 **자**　一十土耂耂者者者				나아갈 **진**　ノ亻亻仁仹佳隹進		

| 남 | 의 | | 꾸 | 짖 | 음 | 을 | | 싫 | 어 | 하 | 는 |
| 자 | 는 | | 그 | | 행 | 동 | 에 | | 진 | 전 | 이 | | 없 |
| 다. |

자유롭게 써보세요

父子有親 하며　君臣有義 하며

아비 **부**　아들 **자**　있을 **유**　어버이 **친**　　임금 **군**　신하 **신**　있을 **유**　옳을 **의**

부모와 자식 사이에는 친함이 있고, 임금과 신하 사이에는 의리가 있으며,

父	父	父			君	君	君		
아비 부	ノ ハ ク 父				임금 군	フ ㄱ ㅋ 尹 尹 君 君			
子	子	子			臣	臣	臣		
아들 자	ㄱ 了 子				신하 신	一 丅 т 5 푸 臣			
有	有	有			有	有	有		
있을 유	ノ ナ 才 有 有 有				있을 유	ノ ナ 才 有 有 有			
親	親	親			義	義	義		
어버이 친	ㅗ ㅛ 辛 亲 新 親 親				옳을 의	丷 ⺷ 羊 差 義 義			

부	모	와		자	식		사	이	에	는		친
함	이		있	고	,	임	금	과		신	하		사
이	에	는		의	리	가		있	으	며	,		

자유롭게 써보세요

夫婦有別하며 長幼有序하며

지아비 **부**　아내 **부**　있을 **유**　나눌 **별**　　어른 **장**　어릴 **유**　있을 **유**　차례 **서**

남편과 아내 사이에는 분별이 있으며, 어른과 아이 사이에는 차례가 있으며,

夫	夫	夫			長	長	長		
지아비 **부**	一二夫夫				어른 **장**	「FFFE E 長長			
婦	婦	婦			幼	幼	幼		
아내 **부**	〈女女女妒妒妒娇婦婦				어릴 **유**	〈幺幺幼幼			
有	有	有			有	有	有		
있을 **유**	ノナオ有有有				있을 **유**	ノナオ有有有			
別	別	別			序	序	序		
나눌 **별**	丨口口另別別				차례 **서**	丶广广庐序序			

	남	편	과		아	내		사	이	에	는		분
별	이		있	으	며	,		어	른	과		아	이
사	이	에	는		차	례	가		있	으	며	,	

자유롭게 써보세요

朋友有信 이니 是謂五倫 이니라.

벗 붕 / **벗 우** / **있을 유** / **믿을 신** **옳을 시** / **이를 위** / **다섯 오** / **인륜 륜**

벗과 벗 사이에는 신의가 있으니, 이것을 일러 오륜이라고 한다.

朋	朋	朋	
벗 붕	ノ 刀 刀 月 朋 朋 朋		
友	友	友	
벗 우	一 ナ 方 友		
有	有	有	
있을 유	ノ ナ 才 有 有 有		
信	信	信	
믿을 신	ノ 亻 亻 仁 仨 信 信 信		

是	是	是	
옳을 시	一 日 旦 早 早 星 是		
謂	謂	謂	
이를 위	亠 ㄣ ㄹ 言 言 訂 訂 訂 謂 謂		
五	五	五	
다섯 오	一 ㄒ 五 五		
倫	倫	倫	
인륜 륜	ノ 亻 亻 伶 伶 倫 倫		

벗	과		벗		사	이	에	는		신	의	가
있	으	니	,		이	것	을		일	러		오	륜	이
라	고		한	다	.							

자유롭게 써보세요

君爲臣綱이요 父爲子綱이요

임금 **군**　할 **위**　신하 **신**　벼리 **강**　　아비 **부**　할 **위**　아들 **자**　벼리 **강**

임금은 신하의 벼리*가 되고, 아버지는 자식의 벼리가 되며,
(*벼리:그물 코를 꿴 굵은 줄·일이나 글의 뼈대가 되는 줄거리·사물을 총괄하여 규제하는 것)

君	君	君			父	父	父		
임금 **군**	ㄱㄱㄱ尹尹君君				아비 **부**	ㅅㅅㄕ父			
爲	爲	爲			爲	爲	爲		
할 **위**	ㅅㅅㄏ广卢爲爲爲				할 **위**	ㅅㅅㄏ广卢爲爲爲			
臣	臣	臣			子	子	子		
신하 **신**	一ㄒ厂臣臣臣				아들 **자**	丁了子			
綱	綱	綱			綱	綱	綱		
벼리 **강**	ㄥㄠ糸 紀網網網網				벼리 **강**	ㄥㄠ糸 紀網網網網			

임	금	은		신	하	의		벼	리	가		되
고	,	아	버	지	는		자	식	의		벼	리	가
되	며	,										

자유롭게 써보세요

夫爲婦綱이니 是謂三綱이니라.

지아비 **부**　할 **위**　아내 **부**　벼리 **강**　　옳을 **시**　이를 **위**　석 **삼**　벼리 **강**

남편은 아내의 벼리가 되니, 이것을 일러 삼강이라고 한다.

夫	夫	夫			是	是	是		
지아비 **부**	一 二 チ 夫				옳을 **시**	丨 日 旦 무 무 뮤 是			
爲	爲	爲			謂	謂	謂		
할 **위**	ノ ハ 广 产 产 爲 爲 爲				이를 **위**	丶 亠 言 言 言 訂 訂 謂 謂 謂 謂			
婦	婦	婦			三	三	三		
아내 **부**	く タ 女 女 女 婦 婦 婦 婦				석 **삼**	一 二 三			
綱	綱	綱			綱	綱	綱		
벼리 **강**	ノ 幺 糸 糹 紀 絅 綱 綱 綱				벼리 **강**	ノ 幺 糸 糹 紀 絅 綱 綱 綱			

남	편	은		아	내	의		벼	리	가		되
니	,		이	것	을		일	러		삼	강	이	라	고
한	다	.										

자유롭게 써보세요

人所以貴는 以其倫綱이니라.

사람 **인**　바 **소**　써 **이**　귀할 **귀**　　써 **이**　그 **기**　인륜 **륜**　벼리 **강**

사람이 귀한 이유는 오륜과 삼강 때문이다.

人 사람 인	ノ人
所 바 소	丶ㄱㄹ戶所所所
以 써 이	丶乚㇄以以
貴 귀할 귀	丨ㄇㅁ中虫虫串骨骨貴貴

以 써 이	丶乚㇄以以
其 그 기	一十卄甘甘其
倫 인륜 륜	亻亻亻伶伶伶倫
綱 벼리 강	乙幺糸紅網網網網

사람이 귀한 이유는 오륜과 삼강 때문이다.

자유롭게 써보세요

德業相勸하고　過失相規하며

덕 **덕**　일 **업**　서로 **상**　권할 **권**　　허물 **과**　잃을 **실**　서로 **상**　법 **규**

좋은 일은 서로 권하고, 잘못은 서로 규제하며,

德	德	德		
덕 **덕**	ノ 彳 彳 彳 徎 徎 德 德 德			
業	業	業		
일 **업**	｜ ｜｜ ｜｜｜ 业 业 拏 業			
相	相	相		
서로 **상**	一 十 才 木 朾 机 相 相 相			
勸	勸	勸		
권할 **권**	｜ ｜｜ ++ 芦 芦 草 莖 灌 灌 勸 勸			

過	過	過		
허물 **과**	｜ 冂 冊 咼 咼 渦 過			
失	失	失		
잃을 **실**	ノ 一 二 失 失			
相	相	相		
서로 **상**	一 十 才 木 朾 机 相 相 相			
規	規	規		
법 **규**	二 ナ 扗 刦 押 規			

　　좋은　일은　서로　권하고,

　　잘못은　서로　규제하며,

자유롭게 써보세요

禮俗相交 하고 　患難相恤 하라.

예도 예　풍속 속　서로 상　사귈 교　　　근심 환　어려울 난　서로 상　동정할 휼
예도 례

예의로 서로를 사귀고, 어려운 일은 서로 돕는다.

禮				患			
예도 예	一 二 テ 禾 示 示 示 示 示 示 禮 禮			근심 환	丨 口 曰 吕 串 患 患		
俗				難			
풍속 속	丨 亻 亻 俗 俗 俗 俗			어려울 난	一 艹 苔 堇 菓 難 難 難		
相				相			
서로 상	一 十 オ 木 相 相 相 相			서로 상	一 十 オ 木 相 相 相 相		
交				恤			
사귈 교	一 亠 六 亣 交			동정할 휼	丶 忄 忄 恤 恤 恤		

예의로 서로를 사귀고, 어

려운 일은 서로 돕는다.

자유롭게 써보세요

貧窮患難에는 親戚相救하며

가난할 **빈**　궁할 **궁**　근심 **환**　어려울 **난**　　친할 **친**　겨레 **척**　서로 **상**　건질 **구**

가난이나 우환, 재난을 당한 사람이 있을 경우에는
친척들이 서로 구원해 주며,

貧	貧	貧			親	親	親		
가난할 **빈**	ノ 八 分 分 爷 省 貧				친할 **친**	` 亠 亠 立 辛 亲 新 新 親 親 親			
窮	窮	窮			戚	戚	戚		
궁할 **궁**	` ㅗ ㅗ ㅉ ㅉ 窮 窮 窮 窮 窮				겨레 **척**	ノ 厂 厂 厂 戶 厈 戚 戚 戚			
患	患	患			相	相	相		
근심 **환**	ㄱ ㅁ ㅁ 吕 串 患 患				서로 **상**	一 十 才 木 村 相 相 相 相			
難	難	難			救	救	救		
어려울 **난**	一 廿 뷰 堇 堇 䑶 勤 難 難				건질 **구**	一 十 才 求 求 求 救 救			

가	난	이	나		우	환	,	재	난	을		당
한		사	람	이		있	을		경	우	에	는
친	척	들	이		서	로		구	원	해		주	며

자유롭게 써보세요

婚姻死喪에 相扶相助하라.

혼인할 **혼** 혼인 **인** 죽을 **사** 죽을 **상**   서로 **상** 도울 **부** 서로 **상** 도울 **조**

혼인과 초상에는 이웃끼리 서로 도와라.

婚	婚	婚			相	相	相		
혼인할 **혼**	ㄣㄅ女 奵奵妮婣婚婚				서로 **상**	一十才木 杣相相相相			
姻	姻	姻			扶	扶	扶		
혼인 **인**	ㄣㄅ女 奵妒姻姻				도울 **부**	一二 扌扌扌扶扶			
死	死	死			相	相	相		
죽을 **사**	一厂ㄞ歹 歹死				서로 **상**	一十才木 杣相相相相			
喪	喪	喪			助	助	助		
죽을 **상**	一十十卉 卉襾襾喪				도울 **조**	丨冂冃且 助助			

| 혼 | 인 | 과 | | 초 | 상 | 에 | 는 | | 이 | 웃 | 끼 | 리 |

| 서 | 로 | | 도 | 와 | 라 | . |

자유롭게 써보세요

修身齊家 는 治國之本 이요.

닦을 수 **몸 신** **가지런할 제** **집 가** **다스릴 치** **나라 국** **갈 지** **근본 본**

자기 몸을 닦고 집안을 가지런히 하는 것은 나라를 다스리는 근본이요.

修	修	修			治	治	治		
닦을 수	ノ亻亻广俨修修				다스릴 치	丶氵氵沪治治治			
身	身	身			國	國	國		
몸 신	ノ亻丿冂月身身				나라 국	冂囗同囯國國國			
齊	齊	齊			之	之	之		
가지런할 제	一亠斉斉斉斉齊				갈 지	丶宀之			
家	家	家			本	本	本		
집 가	宀宀宁宇家家				근본 본	一十才木本			

자	기		몸	을		닦	고		집	안	을
가	지	런	히		하	는		것	은		나	라	를
다	스	리	는		근	본	이	요	.			

자유롭게 써보세요

讀書勤儉은 起家之本이니라.

읽을 **독**   글 **서**   부지런할 **근**   검소할 **검**   일어날 **기**   집 **가**   갈 **지**   근본 **본**

책을 읽으며 부지런하고 검소함은 집안을 일으키는 근본이다.

讀	讀	讀			起	起	起		
읽을 **독**	丶亠言言言言言言諸諸讀讀讀					일어날 **기**	一十土丰走起起起				
書	書	書			家	家	家		
글 **서**	𠃍⺊彐肀聿書書					집 **가**	丶宀宀宀宀家家				
勤	勤	勤			之	之	之		
부지런할 **근**	一艹艹丱苎莒菫勤勤					갈 **지**	丶亠之				
儉	儉	儉			本	本	本		
검소할 **검**	亻仆伶伶伶儉儉					근본 **본**	一十才木本				

책	을		읽	으	며		부	지	런	하	고
검	소	함	은		집	안	을		일	으	키	는
근	본	이	다	.							

자유롭게 써보세요

忠信慈祥하고 溫良恭儉하라.

충성 **충**　믿을 **신**　사랑할 **자**　상서로울 **상**　　따뜻할 **온**　어질 **량**　공손할 **공**　검소할 **검**

충실하고 신용 있고 자상하며 온순하고 어질고 공손하고 검소하게 하라.

忠	忠	忠			溫	溫	溫		
충성 **충**	丶 口 口 中 中 忠 忠				따뜻할 **온**	氵 氵口 汨 汨 汨 溫 溫			
信	信	信			良	良	良		
믿을 **신**	丿 亻 亻 信 信 信 信				어질 **량**	丶 ㄱ ㅋ ㅋ 白 良 良			
慈	慈	慈			恭	恭	恭		
사랑할 **자**	丷 丷 圦 茲 慈 慈				공손할 **공**	一 卝 卝 共 共 恭 恭			
祥	祥	祥			儉	儉	儉		
상서로울 **상**	二 〒 禾 禾 祥 祥 祥				검소할 **검**	丿 亻 伙 伙 伶 儉 儉			

	충	실	하	고		신	용		있	고		자	상
하	며		온	순	하	고		어	질	고		공	손
하	고		검	소	하	게		하	라	.			

자유롭게 써보세요

人之德行은 謙讓爲上이니라.

사람**인** 갈**지** 덕**덕** 갈**행**　　겸손할**겸** 사양할**양** 할**위** 위**상**

사람의 덕행은 겸손과 사양이 제일이다.

人	人	人		謙	謙	謙	
사람**인** ノ人				겸손할**겸** 丶 亠 言 言 言 言 言 言 謙 謙 謙			
之	之	之		讓	讓	讓	
갈**지** 丶 ㇇ 之				사양할**양** 丶 亠 言 言 言 言 言 言 讓 讓 讓 讓			
德	德	德		爲	爲	爲	
덕**덕** 丿 彳 彳 彳 彳 德 德 德 德				할**위** 丶 爫 爫 爫 爫 爲 爲 爲			
行	行	行		上	上	上	
갈**행** 丿 丿 彳 彳 行 行				위**상** 丨 卜 上			

사	람	의		덕	행	은		겸	손	과		사
양	이		제	일	이	다	.					

자유롭게 써보세요

莫談他短 하고 靡恃己長 하라.

없을 **막**　말씀 **담**　다를 **타**　짧은 **단**　　쓰러질 **미**　믿을 **시**　자기 **기**　길 **장**

다른 사람의 단점을 말하지 말고 자기의 장점을 믿지 말라.

莫	莫	莫		靡	靡	靡	
없을 **막**	艹 艹 艹 莒 莒 莫 莫			쓰러질 **미**	一 广 广 广 广 庐 庐 麻 麻 靡 靡		
談	談	談		恃	恃	恃	
말씀 **담**	一 二 言 言 言 談 談 談			믿을 **시**	丶 丨 忄 忄 忄 恃 恃		
他	他	他		己	己	己	
다를 **타**	ノ 亻 仁 他 他			자기 **기**	一 コ 己		
短	短	短		長	長	長	
짧은 **단**	ノ 上 矢 矢 知 短 短			길 **장**	一 ㄷ ㄸ ㅌ 툰 튼 長 長		

다른　사람의　단점을　말하
지　말고　자기의　장점을　민
지　말라.

자유롭게 써보세요

己所不欲을 勿施於人하라.

자기 **기**　바 **소**　아닐 **불**　하고자 할 **욕**　　말 **물**　베풀 **시**　어조사 **어**　사람 **인**

자기가 하기 싫은 일을 남에게 하게 하지 말라.

| 자기가 | 하기 | 싫은 | 일을 |

| 남에게 | 하게 | 하지 | 말라. |

자유롭게 써보세요

積善之家는 必有餘慶이요

쌓을 **적** 착할 **선** 갈 **지** 집 **가** 반드시 **필** 있을 **유** 남을 **여** 경사 **경**

선행을 쌓은 집안은 반드시 뒤에 경사가 있고,

積	積	積		
쌓을 **적**	ノ 二 千 禾 禾 秆 秳 秳 積 積			
善	善	善		
착할 **선**	ソ 兰 羊 姜 盖 善 善			
之	之	之		
갈 **지**	丶 丷 之			
家	家	家		
집 **가**	丶 宀 宁 宁 宇 家 家			

必	必	必		
반드시 **필**	丶 丿 必 必 必			
有	有	有		
있을 **유**	ノ ナ 才 有 有 有			
餘	餘	餘		
남을 **여**	ノ 丿 乄 今 冇 冇 飠 飠 飠 飩 餘			
慶	慶	慶		
경사 **경**	一 广 广 庐 庐 廊 廊 廖 廖 慶			

선	행	을		쌓	은		집	안	은		반	드
시		뒤	에		경	사	가		있	고,		

자유롭게 써보세요

不善之家는 必有餘殃이니라.

아닐 **불**　착할 **선**　갈 **지**　집 **가**　　반드시 **필**　있을 **유**　남을 **여**　재앙 **앙**

불선을 쌓은 집안은 반드시 뒤에 재앙이 있다.

不	不	不		必	必	必	
아닐 **불**	一ブオ不			반드시 **필**	丶ソ必必必		
善	善	善		有	有	有	
착할 **선**	丷亠羊羊羔善善			있을 **유**	ノナオ有有有		
之	之	之		餘	餘	餘	
갈 **지**	丶ゝ之			남을 **여**	ノ人人今今食食食食食食餘		
家	家	家		殃	殃	殃	
집 **가**	丶宀宀宀宇家家			재앙 **앙**	一ゟ歹歹歹殃殃		

불	선	을		쌓	은		집	안	은		반	드
시		뒤	에		재	앙	이		있	다	.	

자유롭게 써보세요

損人利己면 終是自害니라.

손해 손 **사람 인** **이로울 리** **자기 기**　　**끝날 종** **옳을 시** **스스로 자** **해칠 해**

남을 손해 보게 하고 자신을 이롭게 하면 끝내는 자신을 해치는 것이 된다.

損	損	損		終	終	終	
손해 손	一 十 扌 扩 押 捐 捐 損			끝날 종	' ㄠ 幺 糸 終 終		
人	人	人		是	是	是	
사람 인	丿 人			옳을 시	丨 日 旦 早 모 昇 是		
利	利	利		自	自	自	
이로울 리	' 二 千 才 禾 利 利			스스로 자	' 丨 门 自 自 自		
己	己	己		害	害	害	
자기 기	一 ㄱ 己			해칠 해	' 宀 宀 宔 宔 害 害		

남	을		손	해		보	게		하	고		자
신	을		이	롭	게		하	면		끝	내	는
자	신	을		해	치	는		것	이		된	다.

자유롭게 써보세요

禍福無門 하야 惟人所召 니라.

재난 **화**　복 **복**　없을 **무**　문 **문**　　　꾀할 **유**　사람 **인**　바 **소**　부를 **소**

재앙과 복은 특정한 문이 없어 오직 사람이 불러들인 것이다.

禍				惟			
재난 **화**	二 亍 示 利 和 和 禍 禍			꾀할 **유**	丶 亻 忄 忄 忄 忄 惟 惟		
福				人			
복 **복**	二 亍 示 利 利 和 福 福 福			사람 **인**	丿 人		
無				所			
없을 **무**	一 亠 冊 無 無 無			바 **소**	丶 丶 亍 户 所 所 所		
門				召			
문 **문**	丨 丨 丨 丨 丨 門 門 門			부를 **소**	丆 刀 刀 召 召		

재앙과 복은 특정한 문이

없어 오직 사람이 불러들인

것이다.

자유롭게 써보세요

出必告之이어든 返必拜謁하라.
言語必愼하고 居處必恭하라.

출필고지이어든 반필배알하라
언어필신하고 거처필공하라

나갈 때는 반드시 아뢰고 돌아와서도 반드시 뵙고 아뢰어라.
말은 반드시 삼가고 거처는 반드시 공손히 하라.

居必擇隣하고 就必有德하라.
人無責友면 易陷不義니라.

거필택린하고 취필유덕하라.
인무책우면 이함불의니라.

거처할 땐 반드시 이웃을 가리고 나아갈 땐 반드시 덕 있는 사람에게 가라.
잘못을 꾸짖어 주는 친구가 없으면 의롭지 못한 데 빠지기 쉬우니라.